Les Tablettes gréco-babyloniennes et le Sumérisme.

Ces tablettes, récemment découvertes dans la collection du
Musée Britannique, ont fait l'objet de deux études par MM. T. G.
Pinches et A. H. Sayce, parues dans les *Proceedings of the
Society of Biblical Archæology*, vol. XXIV, part 3, 1902.
C'est la première fois que des textes cunéiformes apparaissent
en transcription grecque, et ce fait ne peut manquer de donner
lieu aussi bien à des éclaircissements de divers points restés
obscurs qu'à soulever divers problèmes nouveaux. La tentative d'en donner connaissance aux lecteurs de la *Revue Sémitique* me paraît donc répondre à un désideratum vivement senti
dans l'orientalisme français.

A tout seigneur tout honneur. M. Pinches raconte comme
il suit la découverte de ces documents. Nous traduisons littéralement :

« Parmi les plus intéressantes inscriptions en caractères
cunéiformes au British Museum, il y a certains fragments de
tablettes en terre non cuite, inscrites sur le verso avec des
caractères qui ne sont pas composés de clous, mais de lignes.
Ces caractères sont de la forme ordinaire de ceux qui sont
employés dans les inscriptions grecques onciales, et ils ont
été reconnus de bonne heure comme tels, lorsque M. le
professeur Sayce en copia plusieurs, il y a quelques années.
Dans ce temps-là, cependant, ils étaient beaucoup trop frag-
mentaires pour permettre d'en tirer grand'chose, et la con-
nexion des deux écrits n'était claire d'aucune façon.

« Toutefois, depuis trois ou quatre ans, j'ai reçu des ins-
tructions pour préparer des fiches de catalogue de certaines
parties des SP. II, ou la seconde collection Spartali, et alors
j'ai eu l'occasion de les examiner de plus près. Au cours de la
revision de ces fiches de catalogue, et afin de faire le travail
aussi complet que possible, j'ai obtenu la permission de regar-
der attentivement les autres collections (environ 13,000 tablettes) qui semblaient m'aider dans le travail, et, en faisant
cela, j'ai été mis en état de noter presque tous les fragments

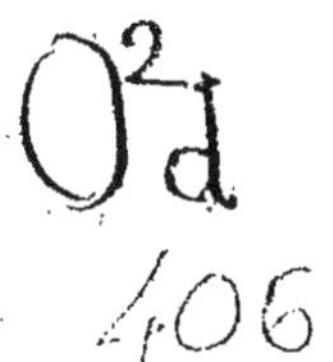

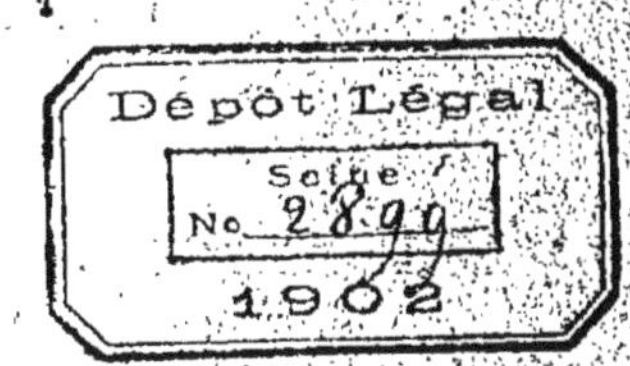

portant des transcription grecques, et de mettre ensemble ceux qui s'y adaptaient. C'est alors que leur vraie nature devint apparente.

« Ils se montraient être des textes en forme de listes expliquant des mots accadiens[1], un fragment d'un texte bilingue (interlinéaire), et une lame se rapportant à Babylone. Il devint clair que ce n'étaient pas des traductions grecques de textes cunéiformes, mais des transcriptions de mots accadiens et babyloniens sémitiques en caractères grecs, et, par conséquent, des documents de la plus haute importance pour la philologie de ces deux langues.

« Il est fort regrettable que ces inscriptions soient si peu nombreuses, mais des explorations ultérieures au site d'où elles viennent amèneront sans aucun doute d'importantes additions à leur nombre. Malheureusement, cependant, les collections auxquelles elles appartiennent ont toutes été achetées, et dans ce cas probable, il est impossible de savoir où ces objets avaient été trouvés.

« Autant qu'on peut juger, les tablettes, lorsqu'elles étaient complètes, étaient larges d'environ cinq pouces et près de neuf pouces de hauteur; pas formées trop soigneusement, mais faites en argile très solide, qui, bien que non cuite, a excellemment résisté à l'attaque de la vapeur et aux autres dangers auxquels sont soumis des objets enfouis dans le sol depuis plus de deux mille ans. L'écriture babylonienne, ainsi que l'écriture grecque, est grosse, mais les caractères sont formés crûment et étaient d'abord excessivement difficiles à lire. A la différence de la grande majorité des tablettes venues de Babylonie et d'Assyrie, celles-ci ne retournent pas de haut en bas, mais de droite à gauche, ou au revers ».

Adressons d'abord à M. Pinches nos sincères félicitations de la belle découverte qu'il vient de faire dans la collection Spartali, qui ajoute un fleuron de plus aux armes honnêtement gagnées par un travail assidu et intelligent dans le département assyriologique du British Museum, depuis de longues

---

1. M. Pinches appelle « accadien » ce que les autres assyriologues nomment « sumérien » et qui pour les antisuméristes est une rédaction idéographique sans caractère linguistique.

années. Par suite des richesses inépuisables du trésor épigra-
phique confié à ses soins infatigables, la philologie assyro-ba-
bylonienne peut encore s'attendre à bien d'autres découvertes
aussi importantes et aussi peu prévues. Nous avons pleine
confiance dans l'activité de M. Pinches et nous nous réjouis-
sons de tout cœur du beau succès qu'il vient de remporter.
Nous lui exprimons surtout notre gratitude pour la diligence
qu'il a mise à les rendre accessibles au public par un essai de
ran scription et d'interprétatation qui font grandement honneur
à son expérience d'archiviste et à sa sagacité d'assyriologue.
Il a été assisté dans cette tâche ardue par les lumières d'un
vieux maître en assyriologie, M. le professeur Sayce, qui a
contribué de son côté à introduire de précieuses améliorations
dans la lecture et l'explication de beaucoup de passages obscurs.
Nous lui apportons également le tribut de notre reconnais-
sance. De notre part, nous nous estimerions heureux si quelques-unes des remarques que nous consacrons à ces documents dans le travail présent avaient la chance de se trouver
justes et de faire avancer en quoi que ce soit l'interprétation
de ces textes curieux, qui, grâce à des observations très inten-
tionnelles, communes à ces savants, semblent nous inviter
d'office à nous occuper d'eux.

En effet, M. Pinches termine son intéressante introduction
citée ci-dessus par des affirmations qui sont bien de nature à
faire passer un froid glacial dans le dos des antisuméristes. Va
encore pour « les textes en forme de listes expliquant des
mots accadiens (= sumériens chez les autres assyriologues) »,
ces textes-là, nous les connaissons depuis les premières fouilles;
ils ont servi de point de départ à la fameuse question de
Sumer et d'Accad, et la transcription grecque ne met directement en danger aucune des deux thèses adversaires. La lame
relative à Babylone, et conservée en grec seulement, ne trouble
pas non plus la quiétude des mécréants en sumérisme, puisque,
M. Pinches le dit lui-même, elle transcrit des phrases sémitiques. En revanche, la présence du fragment du texte *bilingue*
interlinéaire et l'assertion que ces documents sont de la plus
haute importance pour la philologie de ces *deux langues*, me-
nacent bien de faire perdre le sommeil aux pauvres antisumé-

ristes et de soulever une exultation triomphante dans le camp de l'orthodoxie sumérisante.

Si M. Pinches foudroie ses adversaires dès le début de son article, M. Sayce leur administre un élégant coup de grâce à la fin du sien. Après avoir signalé, et tout le monde sera de son avis, que ces textes confirment le déchiffrement des cunéiformes et intéressent hautement, à la fois la prononciation du grec et du babylonien, ainsi que la paléographie grecque de cette époque, il ajoute cette observation éminemment méditée :

« On remarquera que les scribes de ces tablettes, ainsi que Bérose, ne doutaient pas de l'existence d'une langue sumérienne. Les caractères, dans les colonnes, ne sont pas traités comme des idéogrammes, mais sont placés précisément sur le même pied que les caractères sémitiques qui leur correspondent. » (It will be noticed that the writers of them, like Berossos, had no doubt of the existence of a Sumerian language. The characters in the cuneiforme column are not treated as ideographs, but are placed on precisely the same footing as the Semitic characters which correspond with them.)

Malheureusement les suméristes ont l'exultation facile, et l'imagination si vive qu'ils prennent leurs désirs pour des réalités. Cette qualité, dont je me garderai bien de méconnaître la valeur parce que, la plupart du temps, elle seule suffit a implanter, dans l'esprit des lecteurs confiants, les théories les moins justifiées, cette qualité, dis-je, qui suffit souvent à assurer un succès apparent et prolongé, est certainement très enviable, mais la science ne se laisse pas imposer par les conditions de tempérament ni par les considérations d'autorité ; elle exige qu'on lui présente des arguments qu'elle puisse discuter et juger en dernière instance. Au lieu de preuves, M. Pinches *affirme* que certains de nos textes sont des *bilingues* ; il répète donc simplement ce que les suméristes prétendaient dès le début sur l'apparence de textes analogues, prétention superficielle qui a provoqué la protestation des antisuméristes. La transcription grecque confirme, par surcroît, le déchiffrement des cunéiformes mais laisse le problème entier. Devant ces sortes d'assertions, les antisuméristes passent gaiement leur chemin sans s'arrêter un seul instant.

Ils sont, au contraire, obligés de s'arrêter après une courte surprise pour prendre au bond la balle que M. Sayce s'est décidé à leur lancer en bien visant. Voilà un argument, se disent-ils, examinons-le sérieusement ! Bérose ne doutait pas de l'éxistence de la langue sumérienne ; allons-nous obstinément refuser créance à un témoin indigène de cette envergure ? A leur étonnement, la balle qu'ils entendent siffler en sortant des mains de leur adversaire crève sous leur regard et se réduit en une petite fumée bleue. Ils ont beau fouiller tout ce qui reste des écrits de Bérose, ils n'y trouvent pas un traître mot sur l'existence de la langue sumérienne, sous n'importe lequel des jolis sobriquets qu'on lui a appliqués. Le savant sumériste a donc pris, comme nous le disions ci-dessus, son désir pour une réalité, ou, pour être plus exact, il a raisonné ainsi : « Puisque la langue sumérienne existe au delà de tout doute, Bérose, dont la compétence dans l'histoire de sa nation est notoire, n'a pu manquer de parler des Sumériens et de leur langue ; donc, il en a parlé effectivement ». Loin de se rebiffer, les antisumeristes admettent ce procédé d'argumentation qui leur va à merveille ; mais, en écartant la conclusion qui, outre qu'elle repose sur une prémisse non démontrée, est contraire aux faits, maintiennent fermement la conviction que Bérose ne se fût pas fait défaut de mentionner la grande nation des Sumériens et leur idiome civilisateur, s'il avait eu la moindre notion de leur existence. A l'opposé de M. Sayce, ils concluent que ces prétendus auteurs de la civilisation babylonienne sont le produit d'illusions philologiques, répandues par les premiers déchiffreurs des cunéiformes assyro-babyloniens. Cette conclusion est d'autant plus solide que, selon M. Sayce, les Sumériens et leur langue ont conservé leur existence particulière au moins jusqu'à l'époque des Achéménides et qu'il n'y a aucune raison de supposer qu'ils aient subitement disparu à l'arrivée d'Alexandre. Ce n'est pas Bérose seul qui pouvait les connaître, mais toute la foule des écrivains grecs qui ont fait le récit de cette conquête, ainsi que les milliers de Grecs, établis en Babylonie, qui s'y sont maintenus jusqu'à l'époque des Sassanides. Si ces écrivains si avides de nomenclatures ethnographiques, les ont absolument ignorés, — et les écrivains antérieurs de toutes nationalités, épis-

tolaires d'El-Amarna, auteurs bibliques, Hérodote, etc., sont dans
le même cas, — c'est indubitablement parce que les prétendus
Sumériens ont brillé par leur absence. Les assurances con-
traires de nos honorables contradicteurs ne changeront pas
cet état de choses.

Comme le malheur, l'erreur arrive rarement seule ; dans le
cas présent, elle est accompagnée de deux autres erreurs d'un
calibre peu banal. Trop absorbé par la préoccupation de tomber
l'antisumérisme par des témoignages gréco-babyloniens auto-
risés, le savant assyriologue ne recule pas d'insinuer avant
tout à ses lecteurs que le mot « idéogramme » a, sous la plume
de antisuméristes, le sens d'un signe pictographique fait pour
l'œil seul, conception qui selon lui est contredite par cette circonstance que, dans la transcription grecque, les caractères non
sémitiques ne sont pas traités d'idéogrammes, mais transcrits
à l'égal des mots sémitiques. J'ai peine à croire que M. Sayce
ait volontairement donné un accroc à la vérité pour la gloire
de son système. Dès l'an 1876, j'ai déclaré que les combinaisons « sumériennes » présentaient une rédaction *idéophonique*, c'est-à-dire, participant de l'idéographisme par le sens et
du phonétisme par les lectures qui leur sont propres [1]. J'ai même
donné, dans la même étude, une tentative d'étymologie sémitique de plus de deux cents signes du syllabaire [2]. En 1880, j'ai
fait paraître en transcription hébraïque presque tout le IVe vo-
lume de Rawlinson, sumérien et sémitique, dans la disposition
des originaux [3]; j'ai agi de même dans tout ce que j'ai publié
jusqu'à ce jour en fait de mots ou de textes cunéiformes. N'est-
ce pas pénible d'entendre, après vingt-huit ans de discussion
sur la nature réelle du « sumérien », un savant comme M. Sayce
m'attribuer la pensée idiote que les caractères « sumériens » ne
se prononçaient pas, mais se lisaient par les yeux seuls ? En
1883, j'ai même montré que les lois *d'euphonie* qui dominent

1. *Recherches critiques sur l'origine de la civilisation babylonienne*
(Paris 1876), p. 174-176.

2. *Ibidem*, p. 178-228 (les valeurs attachées aux signes) et 221-256 (les
racines sémitiques de ces valeurs).

3. *Documents religieux de l'Assyrie et de la Babylonie*. Paris, Mai-
sonneuve.

les formes prétendues sumériennes étaient les mêmes que celles de *l'euphonie sémitique* en général[1]. Donc, de deux choses l'une : ou M. Sayce n'a jamais lu mes écrits, ou bien il les a lus, puis perdus de mémoire. Pour l'honneur de ce savant estimable, je préfère admettre la seconde alternative[2]. Mais, dans un cas comme dans l'autre, cette manière de polémiser rappelle par trop les ruades mal assurées de la sage autruche ; j'aurais mieux aimé les crocs et les griffes du lion. En laissant panser mes blessures, j'aurais au moins eu la satisfaction de faire faire quelques progrès à la question scientifique, qui célébrera bientôt son trentième anniversaire.

En second lieu, M. Sayce semble attribuer l'origine de la transcription grecque à des Hellènes de race. Il espérait même, surprendre le copiste grec en flagrante inexactitude (p. 122-123). M. Pinches, probablement inspiré par le savant professeur d'Oxford, est beaucoup plus explicite, car il parle du transcripteur grec (the Greek transcriber, p. 110). A propos d'un signe dont il sera question plus loin, le même auteur (p. 113) admet (assume) que le scribe fut un Grec et il le motive dans la note suivante : « Un Babylonien natif n'aurait pas eu besoin d'une transcription de mots babyloniens et accadiens en caractères grecs, et il est fort peu vraisemblable que le scribe ait été un Babylonien héllénisé, apprenant sa propre langue au moyen de l'alphabet grec, qui lui en eût donné la véritable prononciation. » Comme M. Sayce ne modifie rien à cette appréciation, ainsi qu'il le fait au sujet de points beaucoup moins importants, on ne se trompera pas en admettant qu'il partage cetteopinion. Celle-ci ne peut cependant pas se défendre : Un Grec de race ne se serait pas contenté de la transcription seule ; il y aurait ajouté la traduction des mots transcrits, sans laquelle la lecture de l'écriture étrangère est dénuée de toute valeur pratique. Par contre, un Babylonien

---

1. *Mélanges de critique et d'histoire*, p. 260-261.

2. Le malentendu a peut-être germé dans l'esprit du savant anglais par l'énoncé de certains assyriologues allemands qui admettaient la possibilité que les inscriptions de Gudéa se fussent lues en sémitique, comme les mots araméens en pehlevi qu'on remplaçait par des mots persans, ce qui est d'ailleurs inexact.

studieux sachant en même temps le grec, trouvait dans l'alphabet précis des Hellènes, un précieux auxiliaire pour mieux fixer la lecture des textes cunéiformes, si encombrée de caractères polyphones, et surtout la lecture des groupes idéographiques, qui devient absolument impossible à défaut de gloses explicatives. Une considération aussi élémentaire, je le répète, n'aurait pas échappé à ces savants sumséristes s'ils n'en étaient pas détournés par la préoccupation d'administrer le coup de grâce à leurs adversaires.

Passons maintenant aux tablettes mêmes qui nous ont fourni l'occasion de dissiper les erreurs qui menaçaient de se perpétuer parmi les orientalistes et les historiens trop confiants. Encore que leur valeur intrinsèque soit grandement au-dessous de ce qu'avaient rêvé leurs éditeurs, puisqu'elles ne font que confirmer les déchiffrements connus, ces inscriptions attirent notre attention par divers autres points, qui demandent à être mieux élucidés que dans les premiers essais.

EXPLICATION DES TABLETTES

N° 1.

1 ΓΙCΙΜΑΡ𐤀ΟΜΘΑΛ
2 ΓΙCΙΜΑΡ𐤀ΟΜCΑΚΙΝ
3 ΑΜΑΓΙCΙΜΑΡCΑΚΙΝ
4 ΓΙCΜΑΡΛΕΦΕCΒШΡ[ΛΑΦ]

1 iṣ(giš) gišimmar dumu dumu	ta-a-lum	γισιμαρ δεμ θαλ
2 iṣ(giš) gišimmar dumu dumu	ša kin-nu	γισιμαρ δομ σα κιν
3 ama iṣ(giš) gišimmar	𝄿	αμα γισιμαρ σα κιν
4 iṣ(giš) gišimmar lipiš burra	la-ab-bu	γισιμαρ λεφες βωρ [λαϐ]
5 [iṣ(giš) gišimmar nu lipeš habba	𝄿	γισιμαρ νο λεφες χαϐ λαϐ]

Le côté cunéiforme a été comparé par M. Pinches avec la tablette du Louvre cotée AO, qui offre les variantes que voici : les signes *ša* (l. 2 *b*) et *nu* (l. 5 *a*) manquent, et le signe *lum* (l. 1 *b*) est remplacé par *lu*. Au sujet de l'explication, je crois pouvoir différer en partie de celle admise par les éditeurs.

A la ligne 2 de la colonne phonétique, le relatif *ša* indique la synonymie des mots : *tâlum* (r. תאל) (qui équivaut à) *kinnu* (r. קנן); il n'y a donc aucune raison pour les distinguer. Les deux désignent le très jeune palmier, d'après le sens du groupe idéophonique *gišimmar dumu-dumu*, « palmier jeune-jeune ou petit-petit. — Au lieu de *lab-bu* on peut transcrire *lap-pu*.

La transcription grecque montre quelques particularités instructives. L'idéogramme déterminatif du bois *iṣ* ou *giš* n'est pas rendu. Les lettres doubles ne s'écrivent qu'une fois au milieu des mots : γισιμαρ (3 fois) pour *gišimmar* ; en fin de ligne, le redoublement de la consonne finale est peut-être indiqué par un trait horizontal : θαλ- pour θαλλ. Sur le côté idéographique, ce trait semble indiquer le redoublement de la syllabe : δο- pour δοδο ; δομ- pour δου δομ, où, faute d'espace, il est mis sur le **M**; aux lignes 2 et 3 de droite, il est effacé, mais il paraît encore subsister au-dessus du **P** (l. 4) sur la première photographie. Après le **P** de **ΒШΡ**, je réconnais encore le tracé d'un **Λ** qui doit être celui de **ΛΑΒ** ou **ΛΑΦ** = *labbu* on *lappu*.

Dans la transcription des idéogrammes, il importe de noter que la forme **ΓΙCΙΓΑΡ**, lue par M. Pinches à la 4ᵉ ligne, me paraît plus vraisemblable que celle de **ΓΙCΙΜΑΡ**, en supposant l'effacement du jambage droit; le **M** a dans ce texte la ligne supérieure creuse et non pas droite comme celle du **Γ**. L'exis-

1.

tence simultanée de *gisi-mär* et *gisi-gär* est conforme à la règle générale que, souvent, le signe syllabique qui contient un *m* peut aussi se prononcer avec un *g* : *mi* et *gi*, *mal* et *gal*, *am* et *ag*, etc. Si un nouvel examen de la tablette confirmait l'originalité du γαμμα, nous aurions en même temps la confirmation d'un sentiment qui m'est venu depuis des années, et suivant lequel *gisimmar* serait composé de *gisu*, « bois » (aram. קיסא), et de *ammaru*, « enclos, comble, satisfaction d'un désir », nom qui, pour la signification matérielle, est symonyme de *igaru* (Delitzsch, H. W. B. art. אגר et אמר).

Après le palmier femelle, idéogramme *ama* (de *amtu*, « servante », héb. אָמָה), vient le palmier *lipis bur-ra*, « pousse-produisant ». Le caractère qui se lit *lipis* consiste dans la combinaison de *lid* + *lib* ou *lipis*, dont les premiers phonèmes dérivent des synonymes *lidu* (r. ילד) et *lib-bu* (r. לבב), « cœur, enfant » ; le dissyllabe *lipis* est, à son tour, composé de *li(b)* + *pis* ou *pês*, dont le second élément est une des lectures de *lib*, et se ramène indubitablement à la racine פוש, « produire avec abondance, multiplier », dont le nom *pêsu*, « enfant », non encore constaté jusqu'à présent, rappelle l'araméen רביא (ou רובייא), « jeune enfant », de רבי, « multiplier, abonder ». Enfin, le dernier idéogramme se rattache au vulgaire *bûru* = *binu*, *biru*, « jeune pousse, enfant ». Et toutes ces combinaisons multiples n'ont d'autre but que d'expliquer le mot réel, *labbu*, simple variante vocalique de *libbu* ou *lîpu*, qui ont en commun le sens de « pousse, rejeton, enfant » ! Il faut fermer les yeux pour ne pas voir qu'une agglomération aussi lourde de synonymes multiples n'est pas l'expression d'une langue réelle.

N° 2.

CÔTÉ BABYLONIEN

1	ma-na-lal	‖ u	un abreuvoir
2	mu-un-bal	ih-ri	il a creusé
3	mu-un-du	i-pu-us	il a fait
4	e	i-ku	un canal
5	pa	pal-gu	un canal

6 pa lal	a-tap-pi		un canal
7 pa sig	⁓		*idem*
8 pa šit	ra-a-ṭu		un canal
9 pa šit	me-tir-tum		un canal
10 [pa mu-un bal	a-tap-pu iḥri]		[un canal il a creusé]
11 [e sig-ga	i-ku is-pu-uk]		[le canal a débordé]

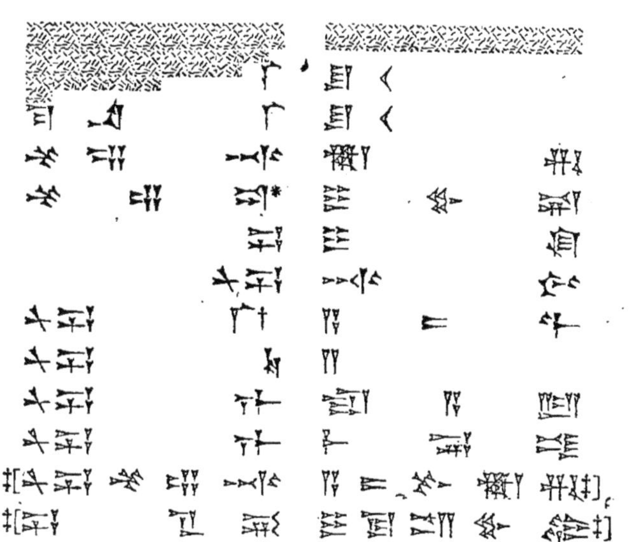

CÔTÉ GREC

1	MANA]Λ MANAΛ	[μανα]λ μαναλ
2	MONOB]ΑΛ ΕⷨⷨΕΙ	[μαν]αλ εⷫⷫει
3	... ΑΙΦΟⷨ	... αιφος
4	[H] ΕΙΧ	[η] ειχ
5	ΦΑΛΑΓ	φα φαλαγ
6	ΦΑΛΑ[Α]ΘΑΦ	φαλα αθαφ
7	ΦΑⷨΕΚΑΘΑΦ	φασεκαθαφ
8	ΦΑⷨΕΙΘΡΑΤ	φασειθαθαφ
9	ΦΑⷨΕΙΘΜΙΤΕΡΟ	φασειθμιτερθ
10	ΦΑΜΟΒΑΛΑΘΑΦ Εⷨ]ⷨΕΙ	φαμοβαλαταφ εⷫⷫει
11	ΕΚΕΙΧΧΙⷨΦ	εκειχχισφ

Ligne 1. Notons d'abord quelques lectures à corriger. Cette ligne ne peut pas être complétée à gauche par MANAΛΛ]Λ, comme le fait M. Pinches, mais par MΛNA]Λ, car le signe *lal*, *la*, est réduit à *l* seul, par suite de l'apocope régulière de la voyelle finale. Grâce à cette circonstance, le phonème idéogra-

phique a le même son que le mot phonétique, dont il dérive d'ailleurs par la voie artificielle du calembour : *ma-na-lal*, « mine, valeur, prix d'argent (héb. מֶנֶה), plein (rapportant) ».

Le mot babylonien *manâlu* répond à l'arabe مَنْهَل, qui a dû exister aussi en hébreu sous la forme identique מִנְהָל, « réservoir d'eau naturel dans les prairies » (r. נהל, « mener le troupeau à l'abreuvoir »). Cf. la locution עַל מֵי מְנֻחוֹת יְנַהֲלֵנִי (Psaumes, xxiii, 2). Je ne comprends pas comment la lecture *manal* a pu échapper aux éditeurs, il est vrai qu'elle administre un coup formidable au système sumérophile. Mais d'où vient la transcription [MOY]NΛΛΛΛ... fournie par M. Sayce ?

Ligne 2. Le texte cunéiforme a *mu–un–bal*, non *mu–un–pal* (Pinches), la syllabe *pal* aurait été rendue en grec ΦΑΛ, comme c'est le cas dans ΦΑΛΑΓ pour *palgu*, et partout ailleurs où *p* est représenté par Φ. Dans la ligne grecque correspondante, il faut également compléter [MONO(non MOYNO!S.)B]ΑΛ (non Π]ΛΛ!S.).

Le mot suivant est épelé en cunéiforme *iḫ-ri*, « il a creusé », du verbe connu חרי, « creuser ». Dans la transcription grecque, la consonne *ḫ*, ח, est rendue par deux demi-cercles ouverts à droite, et surmontés chacun d'un petit demi-cercle ouvert en haut ; la syllabe ΕΡ suit immédiatement, et je suis bien embarrassé de dire comment MM. Pinches et Sayce ont pu lire ΕΙ, qui forme une ligature toute différente aux lignes 3, 8, 10 et 11 ; même la boucle du Ρ a laissé quelque trace, et il devait ressembler à celui qui figure à la ligne 7. Il faut donc lire ΕⱵⱵΕΡ = *iḫir* pour *iḫr* privé de sa voyelle finale ; l'intervention de la voyelle allégeante, notamment *i* (= Ε) après *i* (= Ε), se répète à la ligne 5 dans ΦΑΛΑΓ pour ΦΑΛΓ, où cette voyelle est un Α en harmonie avec l'Α qui précède. Cette loi de l'attraction des voyelles, commune aux phonèmes idéographiques et aux mots babyloniens réels, a été établi par moi, dès 1883, comme un trait également caractéristique de l'hébreu et de l'araméen biblique. J'en ai parlé tout récemment, mais j'enregistre avec satisfaction la confirmation éclatante qui lui est donnée par la transcription grecque de nos tablettes. J'incline à penser avec M. Sayce que le signe Ⱶ dérive du Ρ, dont la haste séparée de la boucle et réduite à un petit demi-cercle, a été placée au-dessus de la boucle. S'il en est ainsi, le redoublement du signe indiquerait le son d'un *r* fort grasseyé, équivalant au son de l'arabe *ghaïn* (غ), et différent du *kh* ou le Χ grec. Rappelons à l'appui les compléments comme *lah-ga*, et des échanges comme *ga* et *ha* dans l'indice du subjonctif idéophonique.

Ligne 3. Au groupe idéophonique *mu-un-du* répond le verbe i-pu-uš = *ipuś* ; sur le côté grec ce verbe est transcrit ΙΦΟϹ ; rien à redire, bien que l'*i* eût pu être aussi exprimé par Ϲ ; du groupe idéophonique, il ne reste que la dernière lettre qui est sans nul doute un A, et non pas un Δ comme M. Pinches l'admet dans le but d'y trouver la consonne de *du*. Est-ce l'effet d'une méprise du scribe qui a lu A au lieu de Δ sur son modèle ? Faute de mieux, je m'y résigne provisoirement, car la supposition d'une orthographe ΑΙΦΟϹ pour ΗΦΟϹ est sans exemple dans nos textes, et, de plus, la place manquerait au groupe trisyllabique ΜΟΝΟΔΟ qui doit précéder. Ajoutons cependant que le signe *du*, ainsi que le signe ordinaire *kak*, peuvent avoir en dehors des valeurs connues *ru* et *du* encore une autre valeur finissant par *a*.

Ligne 4. Après l'idéogramme simple *ê* vient le mot phonétique *iku*, « canal » ; le côté grec, brisé à gauche, a perdu un H du début et n'a conservé que la transcription ϹΙΧ, où l'*i* long est rendu par ϹΙ, et le *k* privé de la voyelle par l'aspirée Χ ; c'est la règle dans nos textes.

Ligne 5. L'idéogramme est encore le signe *ê*, mais précédé du signe *kur* ou *bab* ; nous en reparlerons plus loin ; le complexe se lit *pa*, ce qui permet de compléter ΦΑ au début de la ligne grecque. Son équivalent phonétique est écrit *palgu*, un autre mot pour canal (héb. פֶּלֶג, aram. פְּלַגָּא). En raison de l'apocope finale, on prononçait *palg*, et avec la voyelle moyenne auxiliaire *palag*, absolument comme le פֶּלֶג hébreu, selon la vocalisation dite babylonienne פֶּלַג ; cette lecture est strictement rendue ΦΑΛΑΓ dans la transcription grecque.

Ligne 6. Elle offre un troisième synonyme de « canal », dont la désignation idéographique se compose du dit phonème *pa* et du signe *la(l)*, « plein, productif », et exprime le mot vulgaire *atappu*, prononcé *atapp* ; de là, avec des aspirées, le grec ΑΘΑΦ ; j'ai conjecturé plus haut la présence primitive d'un trait de réduplication du Φ, simplement comme une possibilité.

Ligne 7. Un autre idéophonème pour *atappi*. Il se compose de *pa* (= *palgu*) et *sig*, *śig* (probablement tiré de *śaqû* שקי),

« abreuvoir »; cf. héb. שִׁקּוּי, « liquide buvable, boisson »; l'identité sémantique avec *atappi* est notée par le signe ‖, « *idem*, le même ». Notre étymologie est fortement corroborée par la transcription grecque ϹΕΚ et non par ϹΕΓ, comme on l'aurait si le *g* était radical. En règle générale, le ק se prononçait *g* chez les Babyloniens, avant les voyelles, mais, à la fin des syllabes, il a pu conserver le son dur primitif. On voit dans tous les cas que le scribe était conscient de l'origine du phonème. L'écriture grecque manquant d'un signe d'identité, le mot ΑΘΑΦ a dû être répété en toutes lettres.

Ligne 8. Idéophonème équivalant au mot réel *râṭu* (héb. רַהַט, « conduit d'eau »), synonyme à peu près des autres mots pour canal. Il est composé de *pa* et de *sît*, dont l'origine reste encore obscure, cependant la racine *satû* (שתי), « boire », conviendrait dans le cas présent qui nous offrirait un parallèle à *siq* de la ligne précédente. Transcription régulière en grec ΦΑϹΕΙΘ, ΡΑΤ où le Τ dur rend le ט sémitique comme c'est l'usage dans les Septante; la voyelle finale est supprimée.

Ligne 9. Idéophonème identique rendant un cinquième synonyme pour « canal ». Ce mot est épelé en cunéiforme *me-ṭir-tu*, probablement dérivé de מטר, « pleuvoir », d'où l'hébreu מָטָר et le babylonien *meṭru*, « pluie »; le mot *meṭirtu* en serait la forme féminine. La transcription grecque copie littéralement ΜΙΤΕΡΟ, sans voyelle intercalée, la syllabe ΕΡΟ étant facile à prononcer.

Ligne 10. Reprise du verbe « creuser » avec *atappi* comme complément direct, et, cette fois, *pa* seul, sans l'association de *lal* qui figure à la ligne 6, preuve évidente qu'il n'y fonctionnait que comme un complétif peu nécessaire. Le grec transcrit avec une exactitude remarquable ΦΑ Μ[ΟΝ]Ο ΒΑ[Λ], ΑΘΑΦ (avec un seul Φ faute de place) ΕϽϽΕΡ; le Ο intercalé après le Ν a visiblement pour but d'empêcher que le complexe ΝΒ soit prononcé ΜΒ comme l'exige la phonétique grecque.

Ligne 11. Reprise du phonème de *iki*, le premier terme pour canal (l. 5), employé comme sujet du verbe *šapaku* (héb. שָׁפַךְ, « verser, déborder, inonder »), dont le phonème écrit *siga* peut bien n'être que la forme analytique de *sig* (l. 7). La transcription grecque se rétablit facilement [H C]ЄK ЄIXX ICΦ[OX], où le redoublement du X dans ЄIX est sans aucun doute le résultat d'une distraction de la part du scribe.

N° 3.

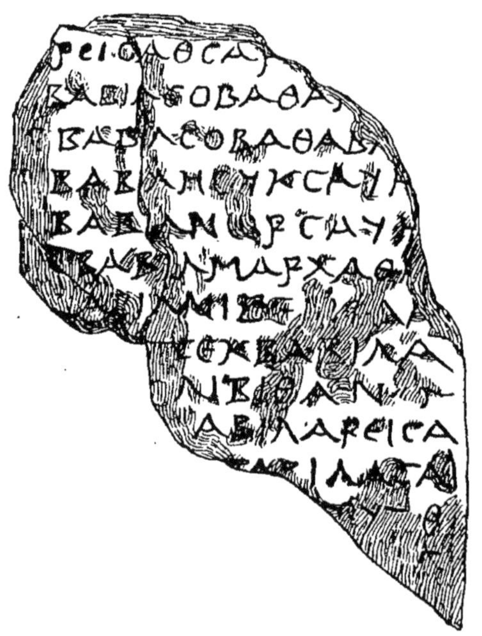

(CÔTÉ GREC, SEUL CONSERVÉ)

. . . .	. . . . . .
1 PЄICAΘCAP	risat sar
2 BABIΛCOBAΘAP	ba bil ṣubat ar. .
3 BABIΛCOBAΘABA (?)	ba bil ṣubat aba (?)
4 BABIΛHC(?)YKCAYP	ba bil ês (?) uk sa ur
5 BABIΛNωPCAYP	ba bil nûr ša ur
6 BABIΛMAPXAΦ (?)	ba bil mar kap (?)
7 BABIΛNI . Є	ba bil ni . i . .
8 . . . . ЄKBABIΛ	. . . . ik ba bil
9 NBIΘAN . .	. . . n bit an . .
10 B]ABIΛAPЄICA	ba bil ariša
11 [Θ . . BABIΛACAI (?)	t . . ba bil asai (?)

Ligne 1. Le groupe PEICAO manque d'un A initial, comme on le voit par la forme APEICA (l. 10), dont le O est placé sur la ligne suivante, actuellement effacée. Cette circonstance atteste la présence d'au moins une ligne au-dessus de celle-ci. La dernière lettre visible ressemble à un P qui pourrait être suivi d'une ou deux lettres. Sur l'explication de ce mot, voyez la ligne suivante.

Ligne 2. D'ici jusqu'à la ligne 11 revient constamment le groupe BABIA, dans lequel les éditeurs ont cru reconnaître le nom de la ville de Babylone, en cunéiforme *Ba-bi-lu*, héb. בָּבֶל, ce qui les a conduits à voir dans ce document un hymne en l'honneur de Bel-Merodach, le patron divin de cette ville. Il est bien difficile d'y souscrire par cette raison péremptoire que le caractère général de nos tablettes a seulement un but didactique, savoir celui d'enseigner la lecture correcte des idéogrammes. Or, le nom de Babylone, en idéogramme, n'est pas BABIA, mais *tin-tir*, *ka-dingir*, et d'autres épellations connues. Il me paraît plus probable que le groupe susmentionné représente un complexe idéographique possédant un nombre considérable de significations. La base de la méprise que je viens de signaler repose sur plusieurs lectures et interprétations dont il est aisé de démontrer l'inexactitude.

M. Sayce nous prévient que les commencements des lignes sont perdus (the beginnings of the lines are lost); dans ce cas, il doit manquer presque la moitié de la tablette gauche. C'est possible; la photographie n'offre pas un moyen d'appréciation suffisant; il faut voir le fragment de l'original. Mais il se peut aussi que ce sentiment ait été suggéré au savant éditeur par le manque de l'A dans APEICAO, au début de la première ligne; alors je préférerais supposer que l'A formait la fin de la ligne supérieure aujourd'hui disparue. J'y incline d'autant plus fortement que l'alignement si régulier du groupe BABIA sur six lignes consécutives fait présumer qu'il n'y avait pas d'autres mots à gauche de ce groupe. Il est vrai que ce même groupe se trouve au milieu des lignes 8, 10 et 11, mais il ne faut pas oublier que le déplacement peut provenir de ce que les termes explicatifs phonétiques, ne pouvant trouver assez de

place sur leur ligne respective, ont dû enjamber la ligne suivante.

Conformément à sa théorie, M. Sayce croit voir dans *arisat
sar* les mots *ar-išat-šar*, « rejeton (offspring ?) du feu », expression qui, à la ligne 10, est suivie de *sar(ru)*, « roi ».
Le cas est nouveau ; c'est la première fois que nous entendons
dire d'un dieu babylonien qu'il est le fils ou le rejeton du feu ;
mais que peut vouloir dire « feu du roi »? Mystère. Le mieux
sera de sortir de cette voie nouvelle. APEICA⊙ est un seul
mot répondant au babylonien *arištu*, souvent employé dans
la composition *šubat arišti* pour désigner certain vêtement
supérieur (H. W. B., p. 139). La disparition des lignes précé-
dentes nous laisse dans l'obscurité relativement à la liaison
de la phrase, mais nous descendons de la région mythologique
en plein domaine des marchands d'habits ; c'est moins poéti-
que, je le reconnais, mais beaucoup plus utile.

Ligne 2. Au premier aspect, on est tenté d'identifier COBA⊙
avec *šubat*, état construit de *šubtu*, « demeure » (r. ושב) ;
puis, le mot presque homophone *šubat*, état construit de *šubatu*
(r. צבת), « vêtement, habit », vient aussi à l'esprit. Étant
certain que la dernière lettre est visiblement un P et non pas
un B, comme l'admet M. Sayce, par analogie avec le dernier
mot de la ligne suivante, la possibilité se présente de lire
COBA⊙ APEICA⊙, et on obtiendrait une conformation entière de
notre seconde interprétation du mot COBA⊙ à la ligne précédente.
Je m'arrête à cette idée, sauf réserve. Quant à savoir si les
mots *šubat arišti* (COBA⊙ APEICA⊙) fournisssnt l'explication
des phonèmes idéographiques *ba bil* (BA BIΛ), il faudrait connaître d'abord leur modèle cunéiforme, ensuite être sûr qu'ils
ne sont pas précédés d'autres idéogrammes. Si la négative
était réelle, on pourrait faire quelque tentative pour résoudre
ce problème. Voyez les remarques relatives aux lignes 4 et 5.

Ligne 3. Le dernier groupe semble être AB avec une perte
de deux lettres que je ne me charge pas de restituer.

Ligne 4. M. Sayce transcrit HMYK CAYE = *emuq samê*,
qu'il traduit « la profondeur du ciel » (the depth of heaven),
expression qui serait évidemment (evidently) un attribut de

Bel-Merodach. A mon sentiment, le poète babylonien aurait dû imaginer quelque chose de mieux pour qualifier le dieu pro-tecteur de l'immense capitale. Il y a plus, je ne trouve sur la photographie ni le M de HMYK, ni le Є de CAYЄ; il me paraît aussi que *êmuq* ne signifie jamais « profondeur » en babylo-nien, mais uniquement « force, puissance ». Le premier mot reste douteux. Peut-être la forme semblable à C, qui suit le H, permet de supposer un ☉, et nous avons ici un nom *êtuq* (עתק), synonyme de *mêtiq*, ét. const. de *mêtiqu*, « marche en avant, avancement », complété par CAYP = *ša urri*, « du jour ». S'il en est ainsi, nous aurons une bonne correspon-dance avec le phonème BIΛ, qui exprime en effet le mot *urru*, « jour » (Brünnow, 4599).

Ligne 5. Équivalence des plus remarquables qui corrobore d'une manière absolue le caractère idéographique du groupe BA BIΛ. Au lieu de NѠP CAYH = *nûr-šamê*, « lumière du monde (?) », nous lisons NѠP CA YP, *nûru ša urri*, « lumière du jour ». Ce dernier mot est figuré à la ligne précédente par BIΛ; il en doit être de même dans notre passage. Il s'ensuit que l'idée de lumière réside dans le phonème BA. Or, dans la rédaction idéophonique, on a deux signes qui comportent la lecture *ba* : le signe ordinaire ⋎⊣, et le signe ✚, *bar*, qui se lit par syncope *ba* (cf. nos noms de lettres, *a* pour *alf*, *be* pour *beth*; *dé* pour *delt*, etc.), mais, tandis que le caractère ordinaire n'est pas usité comme idéogramme de lumière, le second caractère est formellement expliqué par *namaru*, « briller, luire » (Br., 1725), *šamšu*, « soleil » (Br., 1802), et *išatu*, « feu » (Br., 1823). Nous sommes ainsi assuré que notre complexe idéophonique était, sur la tablette originale, ✚ ⋝◢⊣, et non pas ⋎⊣ ⋝◢⊣.

Ceci démontré, nous sommes en mesure de restituer avec une vraisemblance suffisante les phonèmes qui précédaient le mot A]PЄICAΘ de la première ligne. Son modèle babylonien *arištu*, synonyme de *êrištu* et *êlûtu*, « haut, supérieur », est rendu par *bar-ra* dans le complexe *ku bar-ra* = *ṣubat êlûti* et *ṣubat êrišti*, « vêtement supérieur » (Br. 1918-1919), où *ku* (avec plusieurs valeurs) répond à *ṣubâtu*, « vêtement ». Les termes *ṣubat êlitum* (= *êlûtu*) et *ṣubat arišti* ont pour équiva-

lents *ku bar-ra si à-lal* et *ku si-il-lal* Et cependant l'équation
ku-bar-lu = *bar-lu* = *ṣubâtu, kusitu* (כסות), « vêtement »
(Br., 1941-1942), nous apprend que l'absence du déterminatif *ku* laisse persister la conception de « vêtement ». La même
chose se passe aussi dans le terme courant *pardessus*, abrégé
de « vêtement qu'on porte par-dessus les autres ». Cela vient
à dire que le phonème *ba(r)-bil* pouvait signifier à la fois
« supérieur » et « vêtement supérieur », sans même avoir besoin de s'associer l'idéogramme *ku* dans la dernière éventualité. On peut donc présumer que la partie manquante contenait les lettres [BA A]PEICAⵔ à la première ligne, et [XY] (?)
BABⵉ aux deux lignes suivantes.

Ligne 6. Par suite de l'effritement du côté droit, on ne
distingue que les lettres MAPXA ; les traces suivantes sont lues
ⵔN (?) par M. Sayce ; j'ai un miroitement de Φ. Quelle que
soit la lecture réelle, je reconnais dans MAP le mot babylonien
mâru, « fils, enfant », valeur qui est effectivement particulière
au signe ⵏ (= *biru, maru* et *mirinu*, Br., 1740, 1768 et 1769) ;
le mot XA[ΦAP] = *kaparru*, « serviteur de berger », conviendrait au besoin, mais ce n'est qu'une conjecture lointaine.

Les lettres visibles de la 10e ligne : N (ou Aⵉ) BIⵔAN . A (?)
semblent contenir le mot BIⵔ = *bîtu*, « maison, temple » ; le
dieu serait-il AN[ⵔ] = Anû? La ligne 11 répète les deux
mots de la première ; le reste est trop fragmentaire pour qu'on
puisse y trouver rien qui vaille.

N° 4.

(MUSÉE DE BERLIN, COMMUNIQUÉ PAR LE Dr MESSERSCHMIDT)

. . . ACⵔAPABA . . .

. . . BHⵉMACCⲰ

NICCABEⵉEⵔMACE (?)

OY . . .

AN (?) ΓIZAN (?)

. . . C . ⲰPⲰ (CO?)

Les trois premières lignes offrent seules quelques mots re-
connaissables. M. Sayce les traduit rapidement : « C'est évidemment « Istar de Babil », « Bel l'administrateur » (*massu*)
et « Belit l'administratrice ». Dans la ligne 3, je suggérerais
que *nissa* est *nisu* ou *nesu*, « esprit », et que le passage
vient d'un texte magique [Esprit] d'Istar, » etc. » (This is evi-

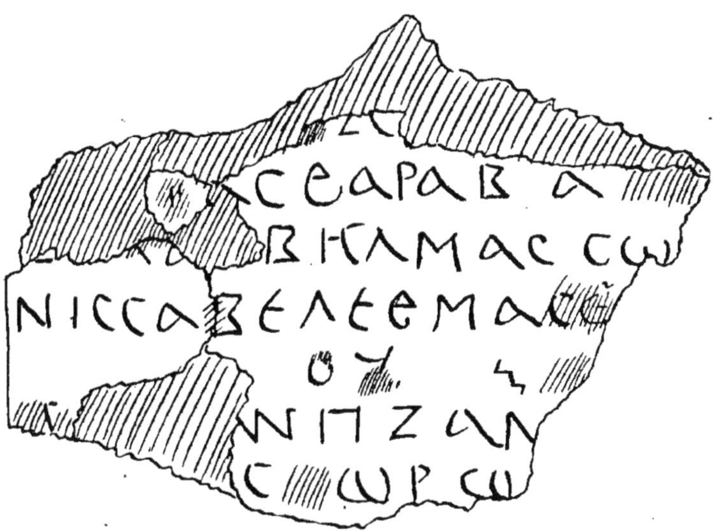

dently « Istar of Babil », « Bel the steward (*massu*) and Bilit
the stewardess ». In line 3 I would suggest that *nissa* is *nisu*
or *nesu*, « spirit », and that the passage comes from an incan-
tatory text, -[Spirit] of Istar », etc.) L'auteur a cependant quelque scrupule au sujet de la voyelle initiale et de la chuin-
tante du nom de la déesse, il ajoute donc la curieuse remarque
que voici : « Il est important de noter que la voyelle initiale de
Istar, ou plutôt *Istaru*, est *a* comme en chananéen, et qu'il
n'y a pas de différence entre la prononciation du *s* (*samek*) et
ś (= *shin*, *śin*). Il n'y avait réellement pas de *sh* (= *ś*) cor-
respondant à *kh*, *ph*, et *th*. »(It is important to notice that the
initial wowel of *Istar*, or rather *Istaru*, in an *a* in Canaanitish,
and that there is no difference betwen the pronounciation of *s*
(*samech*) and *ś* (*shin*). There was in fact no *sh* corresponding
with *kh*, *ph*, and *th*.)

— 22 —

La suggestion qu'il s'agit d'un texte magique est très probable ; la mention de Bel et de Belit y convie directement. Sur l'explication du détail, je suis obligé d'être en désaccord avec le savant assyriologue anglais. J'ignore le mot *massu*, « administrateur » (steward), lequel aurait été transcrit MAC, avec syncope de la voyelle finale qui est de règle dans nos textes. Je ne saurais accepter davantage pour la même raison que la transcription NICCA soit pour *nišu* : la réduplication du C et l'adjonction du A s'opposent à une pareille identification. Mais je reste stupéfié devant la haute science linguistique du scribe gréco-babylonien. Dans la langue du pays, le nom de la grande déesse se prononçait *Ištar* (où se trouve l'orthographe *Ištaru* ?), il a toutefois transcrit ACΘAPA avec un *a* initial, parce qu'en *Phénicie* on prononçait de la sorte ! Il a donc été exactement initié aux arcanes phonétiques des célèbres écumeurs de la Méditerranée. Soit ; découvrons-nous devant ce talent exceptionnel que nos modestes tessons révèlent à l'admiration des générations futures ! Mais le savant parrain a oublié de nous faire savoir d'où son grand protégé a tiré le A final de nom divin ? Serait-ce, par hasard, de la forme araméenne préhistorique עֲשִׁתְרָא, qui va si bien avec le *Astaru*

babylonien connu de l'éditeur ? Pour un scribe aussi ferré sur les gloses infiniment plus compliquées de la langue préhistorique des sumériens, une connaissance approfondie du paléo-araméen n'aurait en somme rien d'extraordinaire. Nous aimerions toutefois être mieux fixé sur ce point.

Des assyriologues plus terre à terre procéderont, je crois, d'une manière un peu différente. Pour eux, les lettres ACΘAPAB forment un groupe indivisible, savoir la 5ᵉ forme verbale *ifteal* (1, 2) de *šarâbu*, donc *aštarab*, vocalisé comme *aštakan* de *šakanu*. L'existence de ce verbe est garantie par la liste des synonymes de *alâku* (II. W. B., 69). Quant à la signification de « aller, marcher, se diriger », elle me paraît se confirmer en plus par l'arabe سرب, « suivre un chemin, aller librement, pénétrer » ; ACΘAPAB veut dire « je vais, je me dirige » ; le A qui suit peut bien être la première syllabe ou lettre de ANA ou AN (*ana* ou *an*), « à, vers », mais ceci importe peu.

En ce qui concerne le groupe MACCⲰ, on y reconnaît la contraction régulière de *massu* pour *matśu*, « son pays » ; les compositions BHⲀ MACCⲰ et BEⲀEⲐ MACCⲰ = *bel massu* et *belit-massu* signifient respectivement « le seigneur de son pays » et « la dame de son pays ». Nous ne pouvons connaître le contexte où ces mots cadraient dans le texte primitif, il est certain qu'aucun nom propre de divinité ne se trouve dans notre fragment.

N° 5.

ⲀIC	lis
ⲪⲀ ⲀIC	pa lis
XEIⲐ	kit
CⲀ ⲪⲀ ⲀIC	śa pa lis
Ⲁ	a
ⲀOX	mar]duk (?)

Fragment trop petit pour en dégager quelque chose de remarquable. Le trisyllabe CⲀⲪⲀⲀIC ne saurait être *śapalis* pour *śapliś*, « en bas » (below, P.). Pour M. S., les deux dernières seraient ⲪⲀⲀIⲄ pour ⲪⲀⲀⲀⲄ = *palgu*, « canal » ; par malheur, la lettre finale n'est pas un Ⲅ, mais un C, au sommet prolongé comme presque tous les C finals de ces tablettes. L'idée que ce sont des idéogrammes ne serait pas impossible. XEIⲐ, en supposant la syllabe isolée, a l'air d'être *kitu*, « part, fin » ; Ⲁ(?)OX peut être la fin de [MAP]ⲀOX, « Marduk », nom divin connu.

N° 6.

(COPIE DE M. SAYCE)

	. . . . . .
1	ⲀI
2	ⲀXMOY
3	ⲀCⲀP
4	NⲀMONXOYXⲰT . .
5	ⲀCHPOⲪC
6	ⲐNXOPOY

La copie n'inspire pas une confiance absolue, M. Sayce n'ayant pu retrouver ce fragment pour reviser sa première lecture.

1. Il se peut que AI soit la transcription de *aa*, « non, que non » ; une ligne idéographique a pu précéder.

2. Ce groupe certainement idéographique supporterait la division [?] AX-MOY = *ah-mu* = . *ua* ou *iya*, « mon... » et *ah* se compléterait convenablement *lah* = *sukallu*, « serviteur, ministre ». Cependant il est aussi possible d'envisager AXMOY comme un bloc inséparable et de le compléter par MA. En effet, *ah-mu-ma* répond aux verbes phonétiques *surrû*, « mettre en œuvre, inaugurer », et *sakanu*, « faire travailler » (Br., 8308, 8309).

3. Impossible de savoir si A appartient au mot précédent ou s'il doit être joint à la syllabe CAP qui suit pour former le mot réel *asar* = *asru*, « lieu, endroit ».

4. Le dissyllabe NAMON rend la graphie *nam-mu-u*[*n*] du côté cunéiforme (Sayce); le groupe suivant est demeuré inexpliqué. Je crois pouvoir en relever la première syllabe XOYX, dans laquelle je reconnais le phonème écrit ordinairement *mi-mi-(ga)*, dont les gloses indiquent la lecture *kukki*. Il équivaut aux synonymes *da'mu*, *êtûtu*, *iklitu*, etc., qui expriment l'idée de « obscurité, ténèbres ». Orthographe originaire vraisemblable : *ul* (ou *la*) *issalim*, « il ne s'est pas obscurci », le sujet *ud* = *ûme*, « jour », devait précéder. Le bilittère ωT qui suit rend probablement *ud-tu salam samsi*, *êrib samsi*, « coucher du soleil » ; l'emploi de T au lieu de Θ s'explique par l'intervention du *d*.

5. Faire abstraction de AC dont le début est perdu ; serait-ce par hasard CAMAC ou CAYAC = *samsu*, « soleil » ? — Au sujet de HPOΦC, M. Sayce a déjà pensé à *êrubsu*, « il entre, pénètre là (dans le lieu) », mais la présence de Φ à la place de B fait difficulté ; un dérivé de *rapasu*, comme *rupsu (su)*, « (sa) largeur », conviendrait mieux à POΦC, mais alors H se rejoindrait à AC qui peut avoir perdu quelques lettres au début.

6. MON se complète peut-être en [NA]MON ainsi qu'à la ligne 4 (Sayce). J'incline à identifier KOPOY avec le phonème

kur(u) = *rakasu*, « lier, attacher » (Br., 10202); ainsi, *mu-un-kurru* = *ul-irrakas*, « il ne sera pas lié, attaché ».

Notre première tâche est terminée; la lecture et l'interprétation de ces textes curieux sont désormais retirées du domaine chancelant du sentiment personnel, plein de trappes et de mirages, et entrent dans celui de la philologie saine et précise, capable de se perfectionner davantage à la lumière de nouvelles trouvailles en fait de textes mieux conservés. Mais, au fond, nos tablettes ne fournissent absolument rien d'inconnu, si ce n'est une preuve intéressante de ce qu'il était facile de présumer, à savoir que la civilisation grecque n'a pas empêché les Babyloniens de cultiver en même temps leur ancienne littérature, et qu'ils n'y ont renoncé que lorsque le flot irano-araméen les a matériellement anéantis.

SYSTÈME DE TRANSCRIPTION

La transcription des caractères cunéiformes est faite d'après un système régulier qui laisse apercevoir à peine une ou deux exceptions qui doivent avoir leur raison d'être. Ce système ne laisse pas d'être fort instructif, malgré les divers points d'interrogation qu'il soulève et que nous nous bornerons à formuler sans espérer les résoudre dans l'état actuel de nos connaissances.

Mais donnons d'abord les faits tels qu'ils se présentent par suite d'un examen attentif des tablettes.

a) *Transcription des voyelles.*

1. L'*a* cunéiforme est partout transcrit par A : *gisim-maru*, ΓΙϹΙΜΑΡ; *ša*, ϹΑ; *ama*, ΑΜΑ; *manalu* (= *manala*), ΜΑΝΑΛ; *bal*, ΒΑΛ; *pa*, ΦΑ; *atappu*, ΑϴΑΦ; *râṭu*, ΡΑΤ; *arî-šat* (= *arištu*), ΑΡΕΙϹΑϴ; *ba bil*, ΒΑΒΙΛ; *ṣubatu*, ϹΟΒΑϴ, *maru*, ΜΑΡ; *aštarab*, ΑϹϴΑΡΑΒ; *massû*, ΜΑϹϹѠ.

2. L'*ê* est rendu deux fois par Η : *bêl.* ΒΗΛ; *êluq*, ΗϴΥΚ; une fois par Ε : *bêlit* : ΒΕΛΕϴ.

3. L'*i* est figuré cinq fois par Ι: *gisimmar*, ΓΙϹΙΜΑΡ; *ipuš*,

ΙΦΟϹ ; *bil*, ΒΙΛ ; *bit*, ΒΙΘ ; six fois par Ε : *lipis*, ΛΕΦΕϹ ; *ihir*
(= *ihri*), ΕϑϑΕΡ ; *miṭirt* (*meṭirtum*), ΜΙΤΕΡΟ ; *belit*, ΒΕΛΕΘ ;
quatre fois par ΕΙ : *iku*, ΕΙΧ ; *šit*, ϹΕΙΘ ; *arišat*, ΑΡΕΙϹΑΘ ;
kitu, ΧΕΙΘ.

4. L' *u* est transcrit trois fois par Ο : *ipuš*, ΙΦΟϹ ; *mun-bal*,
ΜΟΝ(Ο)ΒΑΛ ; *subat*, ϹΟΒΑΘ ; deux fois par Ω : *bur*, ΒΩΡ ;
nur, ΝΩΡ ; *massû*, ΜΑϹϹΩ ; deux fois avec Υ : *étuq*, ΗΘΥΚ ;
urru, ΥΡ. La graphie ΟΥ ne se présente qu'une fois sur nos
tablettes.

b) Transcription des consonnes.

Le plus grand nombre des consonnes sont communes au
babylonien et au grec ; quelques-unes méritent une mention
particulière :

1. La gutturale *ḥ*, ח, est représentée par un signe special :
iḥri, ΕϑϑΕΡ.

2. L'emphatique *q* (ק) est rendu par Κ : ΗΘΥΚ (?), *étuq*.

3. Le *ṭ*, ט, répond à Τ : *raṭu*, ΡΑΤ ; *miṭirtum*, ΜΙΤΕΡΟ.

4. Les consonnes *k* (כ), *p* (פ), *t* (ת) sont toujours expri-
mées par les spirantes Χ, Φ et Θ : *iki*, ΕΙΧ ; *kat* (?), ΧΑΘ ;
lipiš, ΛΕΦΕϹ ; *pa*, ΦΑ ; *palag*, ΦΑΛΑΓ ; *atappi*, ΑΘΑΦ ;
miṭirtum, ΜΙΤΕΡΟ ; *šit*, ϹΕΙΘ ; *subat*, ϹΟΒΑΘ ; *bit*, ΒΙΘ ; *aštarab*, ΑϹΘΑΡΑΒ ; *belit*, ΒΕΛΕΘ ; *kit*, ΧΕΙΘ.

En ce qui concerne les voyelles, ce système montre la confusion de Η et Ε, et de Ι et ΕΙ, qu'on trouve souvent dans les
textes purement grecs. Cela n'a donc pas grande importance.

Plus difficile à comprendre est l'équivalence de *u* et Ο, Ω
et Υ. Les sons ne se confondent guère acoustiquement. Peut-
être le scribe babylonien a-t-il préféré ces voyelles simples
au groupe encombrant ΟΥ.

On se rend encore moins compte de la raison qui l'a dé-
terminé à exprimer la voyelle *i* par Ε et les consonnes *k, p, t,*
par les spirantes Χ, Φ, Θ. Les langues sémitiques possèdent aussi

bien l'*i* que les trois consonnes dures précitées, comment a-t-il pu l'oublier dans sa transcription grecque?

L'obscurité se complique quand on considère que les deux derniers faits ont leurs parallèles exacts dans la transcription de mots hébreux par les Septante. La version alexandrine fait souvent usage de *e* au lieu du *i* massorétique. Elle écrit constamment: Ρεβεκκα, Ζελφα, Σεδεκιας, etc.. pour *Ribqa* (רִבְקָה), *Zilpa* (זִלְפָּה), *Sidkiya* (צִדְקִיָּה), etc., rend les consonnes *k*, *p*, *t* par Χ, Φ, Θ sans aucune exception: Χανααν, Φαραων, Θαρε, pour: Κανααν, *Par͑ô*, *Tarah* (תרה, פרעה, כנען), tandis que le Τ est réservé au ט, et le Κ au ק: Τοβια, Καϊν (טוביה, קין). Les noms araméens sont dans le même cas.

La question est donc de savoir comment un système de transcription, en grandes lignes identique, a pu prévaloir en même temps à Alexandrie et à Babylone, à peu près à la même époque (vers la fin du iie siècle avant J.-C.).

À coup sûr, la prononciation aspirée des lettre בגד כפת est prescrite par la Massore, mais seulement à la fin de la syllabe ou après une voyelle longue. De là à l'élimination de toute forme dure de ces trois consonnes, la distance est grande, et si elle a été franchie sans entente préliminaire par les hellénistes d'Alexandrie et ceux de la Babylonie dans la transcription de deux langues différentes, on doit chercher une cause générale. J'avoue qu'elle m'échappe entièrement.

Voici enfin une observation empruntée à la transcription coutumière du phénicien. Les lettres כפת s'appellent καππα, πι, ταυ, sans aspiration aucune. Citons les noms Καδος (כד), Μαλικ (מלך), Ιοππη (יפו), Σαρεπτα (צרפת), Ασταρτη (עשתרת), Μελκαρτος (מלקרת), Παλαιστιν (פלשת), Ιασπις (ישפה), etc. Évidemment l'aspiration des כפת n'existait pas dans la prononciation phénicienne de l'antiquité. Quand a-t-elle pris naissance et à quelle époque s'est-elle introduite en hébreu et dans les autres langues du nord? Voilà encore des énigmes qui attendent leur solution.

Concluons en termes précis:

1. Les auteurs de ces tablettes sont des Babyloniens hellénistes

qui ont voulu faciliter la lecture des textes cunéiformes par la transcription alphabétique et précise en caractères grecs.

2. Ces scribes visaient tout particulièrement les groupes idéographiques qui occupaient régulièrement la première colonne ou la première ligne des textes à double rédaction, et par là, la lecture et l'intelligence des textes purement idéophoniques.

3. Il ne leur est même pas venu à l'esprit que l'on puisse séparer le système idéographique d'avec la langue vulgaire qu'il était destiné à représenter, bien que d'une manière moins complète, depuis l'origine même de l'écriture.

4. Les deux systèmes ou rédactions étaient soumis aux lois d'euphonie qui réglaient la prononciation de la langue vulgaire à cette époque.

5. Ni les scribes de ces documents, ni Bérose, ni aucun autre auteur de l'antiquité ne connaissent l'existence du peuple prétendu sumérien ou accadien et de sa langue, à une époque quelconque, en Babylonie.

6. L'idiome de Sumer et d'Accad est le babylonien sémitique ; l'affirmation contraire des « sumcristes » repose sur la confusion d'un mode de rédaction avec une langue réelle.

J. HALÉVY.

Paris. — Imprimerie G. Maurin, 71, rue de Rennes.

www.ingramcontent.com/pod-product-compliance
Ingram Content Group UK Ltd.
Pitfield, Milton Keynes, MK11 3LW, UK
UKHW021711090726
13657UKWH00005B/2168